Rosa Maria Ayres da Cunha

Doces gotas de fé

Dados Internacionais de Catalogação na Publicação (CIP)
(Câmara Brasileira do Livro, SP, Brasil)

Cunha, Rosa Maria Ayres da
Doces gotas de fé / Rosa Maria Ayres da Cunha. – São Paulo : Paulinas, 2014. – (Coleção um toque de delicadeza)

ISBN 978-85-356-3599-7

1. Poesia brasileira I. Título. II. Série.

13-07249 CDD-869.91

Índice para catálogo sistemático:

1. Poesia : Literatura brasileira 869.91

Citações bíblicas: *Bíblia Sagrada*. Tradução da CNBB. 7. ed. São Paulo, 2008.

Direção-geral: Bernadete Boff
Editora responsável: Andréia Schweitzer
Copidesque: Ruth Mitzuie Kluska
Coordenação de revisão: Marina Mendonça
Revisão: Simone Rezende
Gerente de produção: Felício Calegaro Neto
Capa e diagramação: Telma Custódio
Ilustrações: Stock.xchng

Paulinas

Rua Dona Inácia Uchoa, 62
04110-020 – São Paulo – SP (Brasil)
Tel.: (11) 2125-3500
http://www.paulinas.org.br – editora@paulinas.com.br
Telemarketing e SAC: 0800-7010081

A Nilce Simões Coscia, amada tia,
mulher de fé inabalável,
fidedigna testemunha de que,
no tempo apropriado,
Deus responde às súplicas
de quem a ele recorre.

Amar o próximo

Filhinhos,
não amemos
só com palavras
e de boca,
mas com ações
e de verdade!
(1Jo 3,18)

A fragrância do anjo

É madrugada.
A chuva canta, monótona,
nas telhas e nas calçadas.
Imagino-a insinuando-se
pelas quaresmeiras desfolhadas.

O portão de ferro
range sob o roçar
dos ramos da buganvília.
Um cão late.
Como eu,
está afadigado com a vigília.

Um vento frio, inesperado,
perpassa pelas frinchas das janelas.
Gemem as aduelas.

Um anjo de longos
cabelos castanhos
entra em meu quarto,
cerra as cortinas
e cobre o meu corpo trêmulo
com um cobertor
rebordado de róseos buquês.
Que doce maciez!

Depois o anjo
afofa meu travesseiro
e me dá um beijo tão terno,
que mais parece uma pluma
a balouçar no ar.
Como é sublime, Senhor,
sentir o mel do amor gotejar!

O anjo diz suavemente:
"Te amo, mãe querida!".
Sua voz é tão encantadora
quanto a do canarinho.

Então me faz
no rosto um carinho
e se retira a passos lentos,
deixando atrás de si
a fragrância do seu amor.
Senhor, que bálsamo vivificador!

Por entre as pálpebras semicerradas,
vislumbro seu vulto
no umbral da porta.
Senhor, como essa presença
me conforta!

A filha que tu me deste —
um anjo por ti enviado —,
Senhor, volta-se e me sorri.
Devolvo-lhe
um sorriso desbotado
e, já dominada pelo sono,
não mais ouço
a chuva tamborilar lá fora,
à espera da aurora.

Apenas sinto
a inefável
fragrância
do anjo
de longos
cabelos
castanhos
a inebriar
meus
sonhos...

O que eu vos mando
é que vos ameis
uns aos outros.
(Jo 15,17)

Que seja feita a tua vontade!

Sei que não queres, Senhor,
que o pobre seja envolto
pela escuridão, tão temida,
do preconceito.

Queres, sim, que ele receba
a luz da solidariedade
a que tem direito.

Sei que não queres, Senhor,
que o pobre carregue
o fardo tão penoso
da discriminação.

Queres, sim, que ele saboreie
a ambrosia
da inclusão.

Sei que não queres, Senhor,
que o pobre prove
do fel repulsivo
da falsa bondade.

Queres, sim,
que ele partilhe
do pão
da igualdade.

Sei que não queres, Senhor,
que o pobre suporte
o peso indesejado
da moeda jogada
sem caridade.

Queres, sim,
que seja acalentada
a sua dignidade.

Queres, sim,
que o pobre ouça

a suave melodia
do respeito à sua pessoa
e que receba a garantia
para o livre exercício
da sua cidadania,
do vale à serra.

Em assim sendo,
que seja feita
a tua vontade, Senhor,
como no céu,
assim também na terra.

Assim como desejais
que os outros
vos tratem,
tratai-os
do mesmo modo.
(Lc 6,31)

Sob os teus olhos

Sob os teus olhos, Senhor,
dividem-se as terras,
e nelas se elevam
edifícios de concreto e aço
erguidos pelo pobre,
que não os pode habitar.
    Pode o carneirinho
    viver feliz sem aprisco
    para repousar?

Sob os teus olhos, Senhor,
assomam no horizonte
castelos encantados,
de mármore ornamentados,
em que o pobre
não pode morar.
    Pode a juriti
    viver feliz sem ninho
    para se abrigar?

Sob os teus olhos, Senhor,
espraiam-se vales
e prados verdejantes
em que o pobre
não pode se assentar.
Pode o manacá florido
viver feliz sem solo
para se firmar?

Sob os teus olhos, Senhor,
isolam-se paradisíacas ilhas
a que o pobre
não pode aportar.
Pode o perfumado nardo
viver feliz sem jardim
para se refestelar?

Sob os teus olhos, Senhor,
o pobre sofre.
Lançam por terra
seu barraco,
sua tenda,

sua palafita,
seus sonhos,
sua confiança,
sua autoestima,
sua esperança.

Tudo isso ocorre
diuturnamente
sob os teus olhos, Senhor,
enquanto aguardas,
pacientemente,
que brote, na terra boa,
a tua preciosa semente.

[...] ama teu próximo como a ti mesmo. (Mt 19,19)

Aproximai-vos de
Deus, e ele se
aproximará de vós. [...]
Humilhai-vos diante
do Senhor,
e ele vos exaltará.
(Tg 4,8.10)

Tu serás exaltado

Como é bom ouvir
o alegre chilrear
dos delicados pardais
aninhados na viçosa goiabeira!
Por que, então,
o ser humano destrói
as indefesas aves,
ao despertar
da aurora vanguardeira?

Como é bom sentir
a renda do mar
beijar nossos pés
na manhã de calmaria!
Por que, então,
o ser humano degrada
a água doce e a salgada
e joga lixo
na areia macia?

Como é bom inebriar-se
com o aroma das rosas,
dos tímidos jasmins
e da formosa açucena!
Por que, então,
o ser humano polui
o ar, à luz do Sol,
e, na calada da noite,
à luz da Lua cândida e serena?

Como é bom saborear
com deleite o mel da abelha,
de doçura indizível,
que verte em gotas douradas!
Por que, então,
o ser humano persegue
os grandes e os pequenos animais,
levando-os à extinção
de forma indiscriminada?

Como é bom repousar
sob o jequitibá cativante,
que dá fresco abrigo
sob o Sol causticante!
    Por que, então,
    o ser humano derruba
    as florestas exuberantes,
    transformando-as, sem piedade,
    em desertos angustiantes?

Como é bom pisar
na relva verde e cheirosa
e sobre ela deitar
depois de uma caminhada!
    Por que, então,
    o ser humano enxovalha
    o solo fértil e amigo,
    que nos sustenta
    de forma despojada?

Será que ele não percebe
quanto mal
tem feito à nossa Terra
e a todos os seres
que dependem
das benesses dela?

Acorda, ser humano ambíguo!
Dá um basta à destruição!
Toma consciência dos teus erros
e da tua desmedida ambição!

Salva a Terra do perigo!
Curada, ela voltará a ser
um aconchegante ninho
para ti, para nós,
para toda a criação.

E tu?
Tu serás
por Deus exaltado.
Ele fará
com que o teu nome
seja lembrado
de geração em geração!

Confiar em Deus

O céu e a terra passarão,
mas as minhas palavras
não passarão.
(Mc 13,31)

A florada do Senhor

No ar,
o perfume adocicado
de flores de laranjeira
se espalha
e leva,
de agradável maneira,
ao coração contristado,
uma alegria fugaz,
ligeira,
porque a florada
é sazonal,
passageira.

E o teu perfume, Senhor?
Ah! o teu perfume
se espalha
por todos os cantos
e leva,

de singular maneira,
ao coração contristado,
uma alegria duradoura,
alvissareira,
porque a tua florada, Senhor,
jamais passará,
visto ser imutável,
última e primeira.

A quem tiver sede,
eu darei, de graça,
da fonte
da água vivificante.
Estas coisas serão
a herança do vencedor,
e eu serei seu Deus,
e ele será meu filho.
(Ap 21,6-7)

A fonte perene

Há uma fonte
— como ela, milhares —,
que brota da terra.
É um olho d'água
de puro frescor.

Desliza na relva dos vales,
transforma-se em rio,
que corre, cantante,
entre seixos e troncos,
encorpa-se e banha
o que pode alcançar.

Pobre rio!
Como é triste
o seu caminhar
— como o de milhares —,

depois de a pureza
da fonte olvidar
e acumular pesares!

Já não mata a sede
do exausto caminhante,
pois carrega monturos
e viscoso chorume,
e se arroja,
poluído e arfante,
exangue e aviltado,
nas águas do mar.

Há uma fonte
— como ela, nenhuma —,
que brota do alto.
Ela se lança,
exultante,
sobre o vergel.

Sua água é cristalina
— como ela, nenhuma —,
abundante,
perene;
lava até o chorume
e transforma em perfume
qualquer fétido odor.

Ela mata a sede
do exausto caminhante
com a taça transbordante
de água vivificante.

É nessa fonte
de sempiterno amor
que nós,
teus filhos,
desejamos saciar
a nossa sede, Senhor!

Sem terdes visto
o Senhor, vós o amais.
Sem que agora
o estejais vendo,
credes nele.
Isto será para vós
fonte de alegria
inefável e gloriosa.
(1Pd 1,8)

O caravançará de vozes

Mãos se unem,
lábios murmuram,
braços aos céus se erguem,
joelhos no chão se arrastam,
dobram-se as cervizes,
rostos se prostram,
cânticos se elevam,
olhos lacrimejam.

Choram as nutrizes
a dor do natimorto
que não fincou raízes.

Sorriem as felizes,
carregando nos braços
os recém-nascidos
envoltos em tecidos
de todos os matizes.

Cada um
dos filhos teus,
Senhor,
sem te ver,
dirige-se a ti
a seu modo:

em prece,
sorrindo,
suplicando,
clamando,
chorando,
agradecendo,
gritando,
cantando,
salmodiando,
gemendo,
imprecando,
dando glória a ti.

Entrementes,
nesse caravançará
de vozes sussurrantes
ou estridentes,
tu, Senhor, no oculto,
a cada um
tua resposta dás
ao se esboçar
o tempo adequado,
que só a tua sabedoria
pode alcançar.

Deste modo,
o quilate de vossa fé,
que tem mais valor que
o ouro testado no fogo,
alcançará louvor,
honra e glória,
no dia da revelação
de Jesus Cristo.
(1Pd 1,7)

O quilate da fé

No cadinho,
sob o fogo,
a pepita se retorce.

Somente quando se entrega,
humilde, à pressão enorme,
o ouro derrete e logo
              se transforma
              em massa informe.

Vai para a rilheira,
no cilindro é laminado
e passa às mãos hábeis
e experientes do ourives.

Então, burilado e brunido,
transmudado,
num belo anel se torna.

Ah! o metal brilha
e um dedo orna.

E nós, Senhor?

No cadinho da vida,
nós gritamos,
e nos retorcemos,
e choramos,
e blasfemamos,
quando o temporal nos aflige,
ou quando tropeçamos.

Ao segurarmos, porém,
a tua mão, Senhor,
seguindo o teu caminho,
nosso único bem,
tu, nosso fiel ourives,
jamais nos deixas sozinhos.

Tu nos burilas,
nos brunes
e em nós operas
coisas incríveis.

E à medida que
se expande o nosso quilate,
sob o temporal,
nós brilhamos
e o mundo ornamos,
mais que o metal.

Caiu a chuva,
vieram as enchentes,
os ventos deram
contra a casa,
mas a casa não desabou,
porque estava
construída sobre a rocha.
(Mt 7,25)

Sobre a tua rocha

A Valerio Albisetti

Senhor, quanta sabedoria
tu deste ao joão-de-barro!

Com o biquinho
e os pés pequeninos,
ele sua casa constrói
com paciência
e tenacidade,
sem ter consciência
de sua grandiosidade.

Embora o vento, às vezes,
para longe leve
o barro ou a palha
de sua construção,
o joão-de-barro retorna
e, sem falha,

refaz cada detalhe
com perfeição.

Que lição, Senhor,
o joão-de-barro me ensina!

Não mais tenho medo,
quando algo não dá certo.

Meu coração
não mais fica confrangido,
nem meu pensamento
se torna deserto,
quando necessito
corrigir um passo incerto.

Não mais tenho medo,
por certo,
quando vem abaixo,
desde o início,
aquilo que construí
com sacrifício.

Como o joão-de-barro,
confio-me ao teu poder,
à tua Providência,
e, com amor
e paciência,
faço tudo de novo, Senhor,
sobre a tua rocha,
que é meu baluarte
por excelência.

No amor não há medo.
Ao contrário,
o perfeito amor
lança fora o medo,
pois o medo
implica castigo,
e aquele que tem medo
não chegou
à perfeição do amor.
(1Jo 4,18)

Um doce remanso

Lá vai o regato,
célere e ledo.
Durante o folguedo,
leva a flor-da-cachoeira
beijada pelo passaredo.

Após a corredeira,
com muito recato,
quedo e quedo,
ele contorna o rochedo
e espalha as águas
num doce remanso.

A flor exulta.
Que alívio!
Descanso!

Sinto, como a flor,
tanto medo, Senhor,
quando as corredeiras
da vida
me levam, de roldão,
por caminhos inusitados
e me envolvem
em seu enredo!

Por isso, busco
com sofreguidão
as águas tranquilas
do teu doce remanso,
em que perco o medo,
encontro alívio,
me reabasteço
do perfeito amor
e descanso.

Dar graças

A sabedoria, porém,
que vem do alto
é, antes de tudo, pura,
depois pacífica, modesta,
conciliadora,
cheia de misericórdia
e de bons frutos,
sem parcialidade
e sem fingimento.
(Tg 3,17)

A curva da palmeira

Ergue-se a palmeira,
elegante, majestosa,
e suas folhas lustrosas
exibe, orgulhosa,
faceira.

Sobrevém a ventania,
que, com fúria,
põe por terra
galhos, troncos,
pontes, telhas,
paredes de alvenaria.

A palmeira as drupas perde,
mas sobrevive ao vento invisível,
dobrando o seu esguio estipe
numa curva exponencial
perfeita, incrível.

Quão gratos somos
a ti, Senhor,
por essa curva
que tu nos ensinas
a fazer com exatidão,
quando sobrevém à alegria
o vento da tristeza,
da depressão,
da melancolia!

Quão gratos somos
a ti, Senhor,
pela curva da humildade,
da aceitação,
que extingue
nossa soberba,
nossa hipocrisia,
fazendo-nos crescer
em bondade,
em amor,
em paciência,
em sabedoria!

Olhai os pássaros do céu:
não semeiam,
não colhem, nem
guardam em celeiros.
No entanto, o vosso
Pai celeste os alimenta.
Será que vós não valeis
mais do que eles?
(Mt 6,26)

Bem te vi!

Diante da minha janela,
o ramo do ingazeiro
balança
e dança
sob os pés do bem-te-vi.

— Bem te vi! Bem te vi! —
canta a ave,
de modo incessante,
vibrante,
e me acorda,
qual relógio ecológico,
assim que a luz do Sol
por sobre os telhados transborda.

E eu penso:
— Bem te vi, bem-te-vi!
Que este dia
seja abençoado

não só para mim,
como também para ti!

Eu te louvo, Senhor,
e te agradeço
a dádiva do bem-te-vi,
que me encanta
e traz alegria
a este novo dia!

Eu te louvo, Senhor,
e te agradeço
este bem-te-vi,
que, sem o saber,
a cada manhã,
com sua melodia,
remete meu pensamento
de imediato a ti
e faz com que
eu exalte a tua sabedoria.

Na hora em que é feita,
nenhuma correção
parece alegrar,
mas causa dor.
Depois, porém,
produz paz e justiça
para aqueles que
nela foram exercitados.
(Hb 12,11)

Onde estás, Senhor?

O céu, antes alumiado,
faz-se anuviado.
Onde a claridade?
Onde o calor?

Onde estás, Senhor?

O nevoeiro espesso
avança
e dança,
tolda a nossa visão
e zomba do nosso temor.

Onde estás, Senhor?

Tropeçamos nas pedras
do caminho,
machucamo-nos no espinho,
quando colhemos,
do caule, a flor.

Onde estás, Senhor?

Surge um vento inopinado,
destempera o nosso passo
já descompassado,
ri-se da nossa dor.

Onde estás, Senhor?

O mar vocifera,
ribomba
por toda a terra,
ensurdece-nos
e despreza o nosso clamor.

Onde estás, Senhor?

De repente, um rompente
raio do Sol Nascente
a nossa face
vem alumiar.

Ah! rendemos graças
a ti, Senhor,
pois atrás
do nevoeiro espesso
tu estás!

Ah! rendemos graças
a ti, Senhor,
pois finalmente
tomamos conhecimento
de que, enquanto
tu nos ensinas,
em nenhum momento
deixas de derramar
sobre nós
o teu pujante resplendor!

Suplicar

Ninguém acende
uma lâmpada
para escondê-la
debaixo de uma vasilha
ou colocá-la
debaixo da cama;
ela é posta no candelabro,
a fim de que
os que entram
vejam a claridade.
(Lc 8,16)

A lâmpada interior

À boquinha da noite,
surge a Lua prateada
e ilumina os telhados,
as janelas e a estrada.
    Passeia, silenciosa,
    sobre as folhas
    do velho ipê-rosa
    e realça sua cor,
    antes desmaiada.

Não deste, Senhor,
luz própria
à branca Lua,
    mas ela reflete,
    exuberante,
    a luz do Sol
    e dela faz
    doação constante.

Que nós, Senhor,
possamos também
conservar acesa
a nossa lâmpada interior!

E que possamos refletir
a luz do teu amor,
com abundância,
dela fazendo,
como a prateada Lua,
doação com constância!

Ó profundidade
da riqueza,
da sabedoria
e do conhecimento
de Deus!
Como são insondáveis
os seus juízos
e impenetráveis
os seus caminhos!
(Rm 11,33)

As estrelas não deixam de brilhar

Caso a indignação
tome conta
do meu ser,
    ajuda-me, Senhor,
    a imitar
    o calmo regato,
    que rola os seixos,
    desliza com recato
    e se entrega ao mar.

Caso a tristeza
de mim se aproxime
e o meu sorriso
comece a embotar,
    ajuda-me, Senhor,
    a imitar
    o sabiá-laranjeira,

que reconstrói seu ninho
desfeito pela ventania zombeteira,
mas não para de cantar.

Caso a raiva,
de repente, a minha boca
venha amargar,
ajuda-me, Senhor,
a imitar
o capim-cheiroso,
que perfuma,
num gesto airoso,
a mão que o vai ceifar.

Caso a injúria,
astuciosa, a minha honra
tente macular,
ajuda-me, Senhor,
a imitar
a seringueira,
que, mesmo lanhada,

doa sua seiva, altaneira,
de pé, sem se curvar.

Caso a injustiça
ouse a minha dignidade
atingir e enodoar,
ajuda-me, Senhor,
a imitar
as tuas estrelas.
Quando por nuvens toldadas,
embora eu não possa vê-las,
elas não deixam de brilhar.

Todo dom precioso e
toda dádiva perfeita
vêm do alto,
descendo do Pai
das luzes,
que desconhece fases
e períodos de sombra.
(Tg 1,17)

À sombra da pitangueira

Tece o ninho na forquilha
da delicada pitangueira
o arrojado pintassilgo.
Seja primavera ou verão,
trabalha e voa gorjeando
até o entardecer.

Mesmo durante a vigília,
para ele, não há canseira,
nem há como esmorecer
diante da vocação.

Dá-me, Senhor,
hoje e sempre,
semelhante disposição!

Que à sombra da pitangueira
eu continue desperta
pela minha vocação
e colha as tuas sementes,
e que tu as transformes
em frutos saborosos,
luminescentes,
no terreno que cultivas
dentro do meu coração.

Pedi e vos será dado!
Procurai e encontrareis!
Batei e a porta
vos será aberta!
Pois todo aquele
que pede recebe,
quem procura encontra,
e a quem bate,
a porta será aberta.
(Mt 7, 7-8)

Não te esqueças de mim

Se a ventania
vociferar inesperadamente
e se lançar sobre mim
com o seu açoite,
não te esqueças de mim, Senhor!
Abriga-me sob as tuas asas
e clareia a minha noite!

Se a tempestade
resfolegar no meu corpo,
e eu tiritar de frio,
não te esqueças de mim, Senhor!
Abriga-me sob as tuas asas
e preenche o meu vazio!

Se a desesperança
traçar rotas incertas

na minh'alma,
não te esqueças de mim, Senhor!
    Abriga-me sob as tuas asas
    e infunde-me a tua calma!

Quando o inverno chegar,
e eu estremecer,
sem apoio, sem estrado,
não te esqueças de mim, Senhor!
    Abriga-me sob as tuas asas
    e sê o meu cajado!

Quando a neve
a minha face emoldurar,
e na minha pele
já não houver,
da juventude, o frescor,
não te esqueças de mim, Senhor!
    Abriga-me sob as tuas asas
    e cuida de mim
    com o teu amor!

Tudo, portanto,
quanto desejais que
os outros vos façam,
fazei-o,
vós também, a eles.
Isso é a Lei
e os Profetas.
(Mt 7,12)

Um mundo renovado

Ó Senhor,
que as futuras gerações
possam escutar
os pios, os pipilos, os gorjeios
das aves em revoada,
disseminando sementes
sobre a terra abençoada!

Ó Senhor,
que as futuras gerações
possam sentir
a fresca brisa
vinda do mar,
nos dias estivais,
soprando nas brancas praias
bordadas de coqueirais!

Ó Senhor,
que as futuras gerações
possam aspirar
o aroma, que à alma compraz,
oriundo dos campos
enfeitados de cafezais
iluminados por pirilampos!

Ó Senhor,
que as futuras gerações
possam apreciar
as borbulhantes cascatas,
que saltitam nas quebradas
e dão fresquidão às matas
densas e recém-orvalhadas!

Ó Senhor,
que as futuras gerações
possam ver, como nós,
a acetinada borboleta
pousar com afã

sobre o buquê azul,
polinizando os miosótis,
a cada manhã,
em um volteio
rápido e taful!

Ó Senhor,
faze-nos lembrar
da tua Regra de Ouro,
para que possamos
cuidar
da Terra,
que nos dás
sem restrições.

Que nós
façamos por merecer,
Senhor,
esse tesouro,
desprovidos
de ignóbeis ambições.

Ah, Senhor,
que consigamos legar
um mundo renovado
às futuras gerações!

Viver em paz

Deixo-vos a paz,
dou-vos a minha paz.
Não é à maneira
do mundo que eu a dou.
Não se perturbe,
nem se atemorize
o vosso coração.
(Jo 14,27)

A busca da paz

Busquei a paz, Senhor,
na rua da minha infância,
onde eu empinava pipa,
jogava bola,
cantava e corria,
enquanto sonhava
e construía
os meus castelos de criança.

Busquei a paz, Senhor,
na antiga
e singela pracinha,
onde eu jogava peteca,
pulava corda,
brincava de roda,
de cabra-cega,
de esconde-esconde,
de barra-manteiga
e de amarelinha.

Busquei a paz, Senhor,
sob a frondosa paineira,
que ofertava, generosa,
sua sombra
ao banco de madeira
em que eu sentava, outrora,
e fitava, embevecida,
o céu estrelado
e a lua cheia.

Busquei a paz, Senhor,
nos arbustos e nas flores
do acanhado jardim
em que frágeis borboletas,
alegres e multicores,
dançavam suavemente
sobre a rosa e o jasmim.

Busquei a paz, Senhor,
e percebi, sim,
que ela é tão fugidia
no mundo exterior!

Ela é duradoura,
verdadeira, consistente,
somente quando a busco
e a encontro em ti, silente,
aqui, dentro de mim.

Se a alguém de vós
falta sabedoria,
peça-a a Deus,
que a concede
generosamente a todos,
sem impor condições;
e ela lhe será dada.
Mas peça com fé,
sem duvidar.
(Tg 1,5-6)

Entre luz e sombra

Às vezes sou sombra
e deixo a raiva
por mim falar.
Nesse momento,
as nuvens se adensam;
raios e trovões
espoucam no ar.

Que é da paz?
A paz não logro avistar.

Às vezes sou luz
e deixo brotar,
do amor,
o calor.
Nesse momento,
abrem-se as janelas
e se revela
a essência guardada
no vaso interior.

Que é da paz?
Da paz sinto o sutil olor.

Às vezes sou sombra
e deixo a mágoa
falar alto e bom som.
    Nesse momento,
    as portas se fecham,
    e a dor e o pranto
    dão o seu tom.

Que é da paz?
Da paz eu não ouço a canção.

Às vezes sou luz
e deixo o Sol Nascente
em meu peito pousar.
    Nesse momento,
    vejo o arco-íris
    retirar seu véu
    e borrifar suas cores
    por todo o meu céu.

Que é da paz?
A paz me revela o seu mel.

Entre luz e sombra
eu vivo, Senhor,
e sobrevivo
a cada intempérie
que me assombra.

Entretanto,
para meu espanto,
quando reconheço
o meu lado obscuro
e oro a sabedoria,
o meu pé deixa de tropeçar.

Nesse momento,
o meu lado luminoso,
timidamente,
inicia
o seu lampejar.

Então sigo em frente,
sem fraquejar,
pois aprendi
a confiar,
Senhor, em ti.

E no instante
em que me aceito
e, assim, integro
a minha sombra
à benfazeja luz,
vislumbro, através
da estreita porta,
o belo caminho
que a ti conduz.

Que é da paz ?
A paz reluz.

Há profunda paz

Há profunda paz,
Senhor, ao amanhecer,
quando o Sol aparece
e a treva desvanece.
    A tua paz,
    então, me traz
    perfume de sabugueiro,
    que cura o meu desespero.

Há profunda paz,
Senhor, ao entardecer,
quando o Sol se deita
no rosicler, que o deleita.
    A tua paz,
    então, me traz
    perfume de cedro,
    que cura o meu medo.

Há profunda paz,
Senhor, ao anoitecer,
quando o luar desce
sobre a escuridão,
que desaparece.

A tua paz,
então, me traz
perfume de alvo lírio
que cura o meu delírio.

Há profunda paz,
Senhor, a cada instante
em que eu, atenta,
aspiro o teu perfume,
que dissolve a dúvida
que me atormenta.

Sumário

Impresso na gráfica da
Pia Sociedade Filhas de São Paulo
Via Raposo Tavares, km 19,145
05577-300 - São Paulo, SP - Brasil - 2014